느긋하고 싶은 P의 사부작 투쟁기

변아롱

직업 말고 내:일 찾는 프로젝트

나는 이 일을 왜 하는가
누구를 위해, 어떤 일을 하며 살 것인가
그래서, 나는 어떻게 살고 싶은가

이런 질문들에 대해 고민하는 일은 팔자 좋은 그리스 귀족에게나 허락된 것으로 생각했다. 의미 있는 삶보다는 당장 사회에 나가 어른 구실을 할 수 있는 삶이 내겐 먼저였고, 무엇이 나를 행복하게 하는지 궁금해하기 이전에 행복하게 살기 위해서 돈이 필요했다. 당연히 나의 모든 시간은 취업 준비를 위해 쓰였고, 사치스럽게만 보이는 저 질문들에 대해 한 번도 고민해 보지 않은 채로 직장인이 되었다.

나의 첫 번째 직업은 공무원이었다.
거의 모든 사회 초년생이 그러하겠지만 특히나 공무원은 소위 말하는 "금융 치료가 가능한 직업은 아니었다. 매달 내가 벌어들이는 돈은 정말 딱 내 한 몸 먹여 살릴 수 있을" 정도의 돈 이었고 나는 일에서 의미나 즐거움, 행복은커녕 생계"이상의 물질적인 보상조차도 기대할 수 없었다. "분명 눈을 뜨면 하루 종일 일"이라는 것을 하고 집에 오건만 그 대가는 정말 오늘 내가 먹을 삼겹살"뿐이었다. 취준생 시절 돈이 궁해 밥버거와 냉동 닭가슴살로 끼니를 때우던 때를 생각하면 가히 놀라운 발전이었으나 삼겹살은 내가 일하는 이유, 내가 살아있어야 하는 이유가 되어주지는 못했다.

집도 장만하고, 아이도 다 키워놓고, 느긋하게 커피나 한잔하며 고민해 볼 계획이었던 그 사치스러운 질문들이 매일 나를 짓눌렀고, 어쩌면 이 질문들에 대답할 수 있는 여유로운 조건들이 갖춰지기 전에 내가 먼저 죽을 수도 있겠다는 생각이 들었다. 나는 일단 지금 살아있고 싶었고, 살아있기 위해서 일에 대한, 삶에 대한 나만의 철학이 절실하게 필요했다.

[직업 말고, 내:일 찾기] 프로젝트는 개인이 저마다의 '일에 대한 철학'을 정리하고, 자신만의 답을 구체화할 수 있도록 돕기 위해 시작되었다. 어떻게 하면 이 질문들에 대해 조금 더 쉽게 대답해 볼 수 있을까?" 고민했고, 회차별로 질문의 순서와 흐름을 만들었다. 이 일을 왜 하는지, 누구를 위해 어떤 일을 할 것인지, 그래서 나의 삶을 어떻게 꾸려가 볼 것인지" 거대한 담론을 잘게 쪼개어 차근하게 하나씩 고민해 볼 수 있도록 구성했다.

이렇게 기획된 프로젝트를 살아 숨 쉬는 일로 만들어 준 건 함께해 준 사람들이었다. 약속된 시간에 앉아 글을 쓰고, 같은 질문에 대해 고민하며 생각을 나누는 동안, 누군가의 답은 또 다른 누군가에게 질문이 되어주기도 했다.

그렇게 6회차에 걸쳐 적어 내려간 글들이 엮여 총 세 권의 책이 되었고, 그 안에는 작가님이 자기만의 언어로 써 내려간 답안이 담겨 있다. 또 프로젝트를 진행하는 동안, 언젠가 이 책을 펼쳐 들 독자를 떠올리며 적어 내려간 작가님들만의 질문도 함께 담겼다.

이 여정을 기꺼이 함께 걸어 주신 작가님들께 깊이 감사드리며, 이제는 이 책을 펼쳐 든 당신의 차례다. 삶의 변곡점에 서 있건, 새로운 길을 시작하려 하건, 어떤 이유에서든 이 책을 집어 들었다는 것은 아마 당신 역시 이런 물음들과 마주하고 싶었기 때문일 것이다. 이 책이 당신만의 내:일"을 찾아가는 여정에 도움이 되기를 바란다.

내:일 설계소 대표 이은지

차 례

직업 말고 내:일 찾는 프로젝트

1장 | 나를 붙잡아 준, 일

문화예술창작소 그리다   8
좋아하는 일이 뭐에요?   12
작은 용기가 불러온 나비효과   16

2장 | 그럼에도 아직 끝나지 않았다

나를 살린 단 하나   22
함께 살아가기   26
나는 여전히 무대 위에 있다   30

3장	**이상과는 다른 현실의 벽**

애 키우는 게 낫다는 말에 오늘도 버틴다　36
조율과 협업이 주는 힘　40
꿈꾸던 프리랜서는 없었다　44

4장	**우당탕탕 성장 중**

성장하는 사람들을 보면 속이 뒤집힌다　50
오늘도 사부작거린다　54
글을 마치며　57

1장

나를 붙잡아 준, 일

문화예술창작소 그리다

처음 내 직업은 플래시 애니메이터였다. 유학 자금을 모으기 위해 일을 시작했지만, 계약서 문제로 월급이 밀려 결국 퇴사했다. 이후 조교, 본교 디자인실, 그림책 애니메이션, 디자인 회사 등 여러 곳에서 일했지만, 폭언, 성희롱, 과도한 노동, 낮은 단가, CCTV 감시, 차별, 부당한 대우 등으로 지쳐서 회사를 떠났다.

가장 큰 충격은 임신 사실을 알았을 때였다. 대표에게 출산휴가나 육아휴직 신청 절차를 묻자 "아무도 그런 걸 써본 적이 없는데… 꼭 써야겠니?"라며 난처한 표정을 지었다. 결국 나는 임신 막달에 회사를 그만두었다.

그렇게 아이를 낳고 경력 단절 여성으로 살다가, 2022년도에 지역 주민 대상 프로젝트에서 지금의 나를 있게 해 준 효정을 만났다. 낯을 많이 가리는 나에게 그녀는 거리낌 없이 다가와 주었다. 나는 그녀의 에너지와 추진력에 매료되었다. 효정은 자신이 운영하는 독립 서점인 '집사의 책장'에서 작업을 해보는 건 어떻겠냐는 제안을 했고 고민하다가 받아들이게 되었다.

집사의 책장 초창기 내·외부 전경

늘 혼자 일해온 나에게 안 지 얼마 안 된 친구와 함께 작업을 한다는 건 큰 용기가 필요했다. 나는 즉흥적이고 주변 환경이 유동적이라 변수가 상수로 존재했지만, 효정은 그런 유동적인 부분까지도 계획 내 범위로 잡고 움직였기 때문에 모든 상황에 대해 대책이 준비된 사람이었다. 그러다 보니 합이 잘 맞지 않아 처음 1년 동안은 부담스럽기도 했지만, 나를 성장시키는 과정이라 믿고 묵묵히 함께했다.

1년이 지나자, 우리는 서로를 배려하고 이해하게 되었다. 그녀는 내가 자존감을 높일 수 있도록 나를 격려하고 응원해 주었고, 다양한 프로젝트를 통해 성장 기반을 만들어주었다.

그러던 어느 날, 효정이 공간을 폐점한다는 이야기를 꺼냈다. 집에서는 작업이 어려워 공간이 사라지는 것이 아쉬웠지만, 그렇다고 이 공간을 직접 운영하기에는 월세가 부담스러웠다. 그때 한 동료 작가가 월세를 나눠 공유 작업실 형태로 운영해 보자는 제안을 했고 이 방식이 괜찮다고 판단했다. 그래서 내가 총대를 메서 보증금을 내고 공간을 이어받게 되었다.

그렇게 지금의 문화예술창작소 그리다가 탄생했다. 사람 만나는 게 여전히 서툴렀지만 이런 나를 위해 효정이 또다시 손을 내밀어 다양한 의견을 내고 프로젝트를 기획해 주었다. 나도 함께 작업실을 꾸려나가는 작가님들과 함께 다양한 프로젝트를 기획했다. 조금이라도 수익화를 낼 수 있도록 함께 머리를 맞대고 고민했고, 좋은 프로젝트가 있으면 함께 했으며, 도울 수 있는 게 있다면 힘이 닿는 데까지 서로 도왔다.

그렇게 만들어 낸 우리의 문화예술창작소 그리다는 느슨하지만, 모두가 조금씩 성장해 나가는 창작 공동체의 형태로 열심히 걸어 나가고 있다.

그림책 모임 '청.경.채' 네트워킹 파티 현장 사진 (2025.03)

좋아하는 일이 뭐예요?

예전에는 "좋아하는 일이 뭐예요?"라는 질문에 쉽게 대답하지 못했다. 좋아하는 일이 너무 많아서일까? 하지만 지금은 자신 있게 '그림 그리는 것'이라고 이야기할 수 있다.

어릴 적, 만화책을 읽거나 TV 애니메이션을 보는 것이 즐거웠다. 그래서 내가 좋아하는 만화·애니메이션 캐릭터나 게임 원화를 따라 그리게 되었고, 똑같이 그려내면 모두 "대단하다"라며 칭찬해 줬다. 그 말들이 너무 좋아서 계속 그림을 그리다 어느 순간부터 "이제는 내 그림을 그리고 싶다"라는 생각이 들었다.

고2 때부터 부모님의 반대를 무릅쓰고 입시 미술을

시작해 당당히 애니메이션과에 합격했다. 밤새워 내 그림을 그릴 때면 하나도 힘들지 않았고, 틈틈이 아르바이트해서 모은 돈으로 그림 도구를 사는 것 또한 매우 즐거웠다.

하지만 대학을 졸업하고 '그림'이 '일'이 되면서 상황이 달라졌다. 그림밖에 할 줄 몰랐던 나는 한 출판사의 요청으로 10년 가까이 교재 삽화를 맡게 되었다. 경력이 쌓이면 그만큼 단가도 올라갈 것이라는 희망에 차 있었다. 그러나 내 예상과 달리 단가는 오르지 않았고, "이번까지만 하고 다음부터 올려줄게."라는 말만 되풀이됐다. 작업량만 점점 늘어나고, 수입은 그대로였다. 좋아했던 그림이 고통이 되어버린 순간이었다.

그즈음, 디자인이 눈에 들어왔다. 그림이 기획부터 마감까지 모든 부담을 떠안아야 한다면, 디자인은 클라이언트가 제공하는 콘셉트에 맞춰 작업하는 경우가 많아 창작의 품이 덜 들었다. 무엇보다 안정적인 수입이 보장됐다. 결국 나는 그림을 놓고 디자인을 택했다.

그러던 중 결혼을 했고, 아이를 낳았다. 그런데 아이는 장애를 안고 태어났다. 자연스럽게 삶의 중심은 아이에게로 옮겨갔다. 어느 순간부터 나는 내 자리를 점점 잃어갔다. 뭘 해도 재미가 없었고, 하루하루를 그저 버티며 살아가는 느낌뿐이었다.

그러던 어느 날, SNS에서 나와 비슷한 상황에 있는 사람이 그린 만화를 보게 되었다. 깊이 공감하며 눈물을 흘렸다. 그리고 문득, '나도 한 번 그려볼까?' 하는 생각이 들었다.

그림은 한때 너무 고통스러워 외면했던 일이었다. 하지만 여러 갈래의 길을 돌고 돌아 다시 떠오른 것도 결국 그림이었다. 이젠 내 이야기를 그림으로 풀어내고 싶었다. 나와 같은 상황에 있는 사람들과 감정을 나누고 싶었다.

하지만 이제는 안다. 그림을 다시 '일'로 대하기 시작하면, 또다시 도망치고 싶어질 것이다. 그래서 결심했다. 내가 할 수 있는 만큼만 진정성을 담아 나의 이야기를 그림으로 그리고, 그것을 사람들과 나누는 것. 딱 그만큼만 하자고.

그랬더니 그림 그리는 일이 다시 즐거워졌다. 최근에는 역량을 키우기 위해 다시 입시 미술을 배우기 시작했다. 그때는 그렇게도 싫었던 연필 소묘가, 마음을 내려놓고 다시 보니 이렇게 즐거울 수가 없다.

염원(念願)시리즈, Acrylic on canvas, 80x80cm, 2025

작은 용기가 불러온 나비효과

나는 산만한 편이라 무언가를 하다 다른 생각이 떠오르면 꼭 그 일을 먼저 처리해야 마음이 놓인다. 그런 내가 완전히 몰입하는 드문 순간이 있다. 바로 누군가에게 뭔가를 알려주거나 도와줄 때다. 한때 아무것도 모르는 초보였기에, 곤란해하는 사람을 보면 자연스레 손을 내밀고 싶어진다.

그 마음이 싹튼 건 2022년 말, 오랜 경력 단절을 끊고 사회에 다시 나선 직후였다. AI 관련 온라인 커뮤니티 리더의 권유로 활동을 시작했지만, 당시 자존감이 낮았던지라 대화에는 참여하지 못하고 그저 올라온 글들만 조용히 읽는 수준이었다.

그러던 어느 날, 커뮤니티에서 큰 전시회를 준비하는데 그중 전시장 건물 외벽에 걸 현수막을 디자인할 사람을 찾는다는 공지가 올라왔다. 본업이 디자인인 데다, 오랫동안 인정받지 못한 것에 대한 갈증도 더해져 망설임 없이 손을 들었다.

당시 작업했던 대형 현수막

현수막 시안이 공개되자 채팅방은 환호로 들끓었다. 카톡 메시지 속 가벼운 이모티콘과 짧은 문장들이었지만, 내 심장은 오래 잊고 지냈던 두근거림으로 가득 찼다. '내 재능으로 누군가를 도왔구나' 하는 뿌듯함은 자신감이 되어 커뮤니티 활동을 더 적극적으로 만들었다.

2023년 초에 리더가 해보고 싶은 프로젝트가 있는지 물었다. 지금 생각하면 무모했지만 나는 또다시 손을 들었다. 커뮤니티 회원 대부분은 시니어였고, 디지털 도구가 익숙하지 않았다. 느릿느릿 배우는 그 모습이, 한때 느렸던 나와 겹쳐 묘한 동질감을 주었다. 이분들이 디지털 세계에 자연스럽게 발을 들일 수 있도록 돕고 싶다는 마음이 생겼다.

내가 기획한 프로젝트는 이렇다. 1년 동안 각 계절을 주제로 AI 이미지를 만들고, 이를 온라인 갤러리에 전시한 뒤 NFT로 발행해 판매까지 연결한다. 평소 잘 쓰지도 않던 노션을 맨땅에 헤딩하듯 익히고, 자료를 만들어 누구나 쉽게 따라오도록 설계했다. 마지막 12월엔 갤러리 카페를 빌려 성대하게 오프라인 전시를 열기까지 했다.

본업과 육아, 집안일을 병행하며 프로젝트를 이끈다는 건 만만치 않았다. 그래도 '내가 하겠다고 말했으니, 끝을 보자'라는 책임감과 꾸준히 따라와 주는 참여자 덕분에 잠자는 시간을 줄이며 버틸 수 있었다. 결국 1년 뒤, 벽에 걸린 작품들 앞에 서서 사람들에게 작품에 관해 설명했던 오프닝 날의 벅참은 지금도 선

명하다.

그날 이후 깨달았다. 몰입은 혼자 방에 틀어박혀 집중할 때만 생기는 게 아니다. 처음 내뱉은 "제가 해볼게요"라는 작은 말 한마디, 그 미약한 날갯짓이 사람들을 모았고, 나를 새로운 일로 데려갔다. 타인을 향한 사소한 선택이 내 삶 전체를 진동시킨 커다란 파장이 된 것이다.

UCL Winter Collection 오프라인 전시 오프닝(2023.12)

작품 자선 경매비 헬렌켈러센터에 기부(2024.01)

현재 하고 있는 본업 외에 일로 삼고 싶을 만큼 좋아하는 일이 있나요?

2장

그럼에도 아직 끝나지 않았다

나를 살린 단 하나

어렸을 때부터 나는 집에서도, 친구들 사이에서도 내 의견을 자유롭게 이야기하지 못했다. 내가 무언가를 말하면 다들 탐탁지 않아 했고, 그 분위기 속에서 갈등을 피하고자 점점 입을 닫게 되었다. 언젠가부터는 내 생각보다 다른 사람의 생각이 더 합리적이고 옳은 것 같아 보였고, 그 의견을 따라도 별문제 없으니 굳이 내 고집을 꺼낼 필요를 느끼지 못했다. 그렇게 나는 자연스럽게 타인의 의견에 의존하며 살아왔다.

그렇게 수동적으로 살아온 나였지만, 부모님의 강한 반대를 뚫고 결혼을 선택했던 일만큼은 내 삶에서 아주 드물게 스스로 결단한 일이었다. 어쩌면 부모님에게서 받고 싶었던 인정을 연애 상대에게서 채우고자

했던 것 같다. 남자를 여럿 만나면서도 결국 나를 가장 깊이 이해하고 사랑해 주는 지금의 남편을 만나, 함께하겠다는 결심을 했다.

하지만 신혼 9개월 차에 예상치 못했던 임신으로 모든 것이 달라졌다. 그리고 아이는 뇌병변 장애를 가지고 태어났다. 출산 직후부터 2년 가까이 우리 부부는 의사들에게서 듣기 괴로운 이야기만 반복해서 전해 들었다. 최악의 상황을 전제로 한 설명은 매번 우리를 한계까지 몰아붙였다.

그때 나는 자주 절망했다. '왜 하필 내게 이런 일이 일어난 걸까?' '내 아이가 아니었으면 좋겠어.' '지금 이대로 잠들어서 다시는 눈을 뜨지 않았으면…' 너무나도 부정적이고 암담한 생각으로 가득 차 있었다. 아

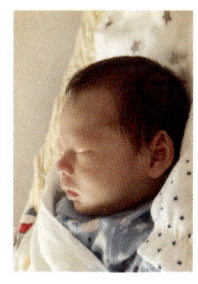

꼬물이 시절, 열심히 잠자는 아드님 사진

무엇도 하고 싶지 않았고, 모든 걸 놓아버리고 싶었다.

그런 마음을 붙잡고 간신히 버티던 어느 날, 자는 아이의 얼굴을 가만히 들여다보았다. 새하얗고 부드러운 피부, 고르고 여린 숨결. 너무나도 작고 연약하지만, 그 안에 담긴 생명력이 눈부셨다. 순간, 마음속 깊은 곳에서 뭔가가 울컥 차올랐다. 이 아이를 지켜야 한다는 마음. 사랑이었다. 그때부터였다. 나를 움직이게 하는 동력은 오로지 아들이었다. 아무리 힘들고, 피곤하고, 서러워도 아이의 얼굴만 보면 저절로 웃음이 났다.

처음에는 오직 아이를 위해서 다시 사회에 나가야겠다고 결심했다. 매달 들어가는 치료비가 500만 원이었다. 현실적으로 회사에 다닐 수는 없었기에 프리랜서라는 길을 선택했지만, 이전과는 달리 아이와 주변 상황까지 챙겨야 했기 때문에 환경이 녹록지 않았다. 이전 같으면 거뜬히 해냈을 일조차 이제는 감당이 안 되었다.

'이 짓을 언제까지 해야 할까?'

몇 년이 지났지만, 여전히 아이는 신생아와 다름없다. 일하다가 아이가 우는 소리에 빛의 속도로 뛰쳐나가 연신 "미안해"를 외치며 죄책감을 느꼈고, 일과 육아 사이에서 중심을 잡지 못하고 무력해지는 모습이 한없이 초라하게 느껴졌다. 괜히 일을 시작했나 자괴감을 느낀 적도 많았다.

하지만 아이러니하게도 일을 하는 그 순간만큼은 나를 괴롭히던 모든 생각들이 사라진다. 오롯이 몰입하며 무언가를 만들어 낼 때, 눈이 반짝거리고 손가락이 분주히 움직이고, 몸이 들썩인다. 내 안의 영혼이 점점 살아나고 있는 것을 느낄 수 있었다. 그래서 결국 일을 포기할 수 없었다.

일은 내게 생존의 도구이면서, 동시에 내가 '나'로 남아 있기 위한 마지막 끈이다.

함께 살아가기

아이의 장애도 벅찼지만, 양가 부모님들의 끊임없는 간섭은 더 큰 고통이었다. 당신들은 마치 장애 아동의 부모는 오로지 아이를 위해서만 살아야 하며, 개인의 인생 따위는 아예 포기해야 한다는 프레임처럼 살기를 강요했다. 우리는 우리 자신의 욕망을 죽이고 아이만을 위해 존재해야 한다는 식이었다. 우리 부부는 진짜 그래야만 하는 줄 알고 각자의 마음이 부서지는 소리도 듣지 못한 채 아이를 위해 모든 것을 희생했다.

설상가상으로 그나마 믿고 의지할 수 있었던 남편에게조차 두 번이나 배신당하는 사건이 발생했다.
그 충격이 얼마나 컸던지, 두 번째로 배신을 당했을

때는 정신이 나가 아이의 휠체어를 다른 곳에 두고 올 정도였다. 그 사실을 뒤늦게 깨닫고 남편과 함께 휠체어를 찾으러 가는 길, 차 안에서 서로 고래고래 소리를 지르며 싸웠다. 이 모든 것이 꿈이면 좋겠다고, 거짓말이었으면 좋겠다고 마음속으로 빌었지만, 그것은 분명히 내 앞에 닥친 현실이었다.

무언가 하지 않으면 미쳐버릴 것 같았다. 그래서 매일 밤, 아파트 앞의 분수대를 2시간씩 이를 악물고 울면서 걸었다. 마음 같아서는 당장이라도 이혼하고 싶었지만, 현실이 허락하지 않았다. 이혼 후 받게 될 양육비로는 아이의 치료비나 생활비를 감당할 수 없을 게 뻔했기 때문이다. 경력 단절의 벽, 아이가 갑자기 응급실에 가는 등 발생할 수 있는 각종 돌발 상황 때문에 다시 회사를 구하는 일도 쉽지 않아 보였다. 걷는 내내 머릿속에는 한 가지 생각만 맴돌았다. "어떻게든 일을 해서 돈을 벌고, 자립해서 보란 듯이 이혼하겠다."

그 결심으로 2022년, 나는 다시 사회에 발을 내디뎠다. 예상대로 양가 부모님은 내 일을 부정적으로 바라봤다. 장애 부모는 아이에게 올인해야 한다는 그들의 프레임 때문이었다. 하지만 사회에서 새롭게 만난 사람들은 달랐다. 그들은 나를 도와주었고, 함께 다양한 프로젝트를 하며 내 자존감을 일으켜 세워주었다. 나는 성장하는 법을 다시 배웠다. 그리고 깨달았다. 아이는 아이대로 성장해야 하고, 나는 나대로 성장해야 한다는 것을.

남편과의 관계도 변했다. 법원에서 조정 기일까지 받아 가며 이혼을 논의했지만, 여러 번 대화를 한 끝에 이혼하지 않기로 했다. 대신, 각자의 부모로부터 확실히 독립하자는 조건을 걸었다. 이제는 남편이 아이를 더 잘 돌보게 되었고, 집안일도 나보다 능숙하게 해내고 있다. 현재 이렇게 다방면으로 활약할 수 있는 것도 남편의 든든한 뒷받침 덕분이다.

정신없이 달리던 어느 날, 한 사람이 효정이 주최한 모임에서 나를 보고 용기를 냈다고 고백했다. "아롱 작가님의 그림을 보면서 위안을 얻었고, 저도 뭔가를 해보고 싶다는 생각이 들었어요."라는 말에 가슴이 뜨거워지고 몽글몽글해졌다.

사실 그때까지 나는 내 감정을 쏟아내는 것에만 집중

했고, 내 이야기가 누군가에게 위로가 될 거라고는 상상도 하지 못했다. 하지만 나처럼 힘든 상황에 부닥친 사람이, 내 모습에서 용기를 얻었다는 말을 들었을 때 너무 감사했고 감동적이었다. 그리고 그때 결심했다. 나도 이제 나만을 위해서가 아니라, 나처럼 손을 내밀 곳이 없는 사람들에게 손을 내밀어 주고 싶다고. 나를 붙잡아준 사람들처럼, 나도 누군가를 붙잡아주는 사람이 되고 싶었다.

비록 완벽하지 않아도, 한 발씩 내디디며 내 자리에서 최선을 다해 살아가는 모습이 누군가에게 작은 빛이 되길 바란다. 그렇게 나도, 그리고 나처럼 길을 잃었던 누군가도 함께 살아갈 수 있기를.

개인전 '버킷리스트' 오프닝 행사 사진(2024.04)

나는 여전히 무대 위에 있다

어렸을 때 나는 분명한 꿈을 품고 있었다. 대학에 가기 전까지는, 세계적으로 이름을 알리는 멋진 애니메이션 감독이 되어 수많은 사람의 마음을 움직이리라 믿었다.

대학에 들어가면서, 그 꿈은 이루어질 수 없음을 알았다. 하지만 금세 다른 꿈이 생겼다. 대학교수가 되어 내 이름이 걸린 교수실에서 학생들과 소통하며 새로운 창작의 길을 이끄는, 자부심 있는 '커리어 우먼'이 되는 것이었다.

그 꿈을 안고 치열하게 달려가던 어느 날, 대학교 4학년 때 과 선배가 내 손금을 본 적이 있다. 사실은

룸메이트에게 작업을 걸기 위한 핑계였지만 말이다. 선배는 내 손금을 한참 들여다보다가 무심히 말했다.

"40대에는 병원에 누워 있겠는데?"
"에? 무슨 소리예요~~ 거짓말하지 마요!"
나는 미신 따위 믿지 않는다며 대수롭지 않게 넘겼다.

그때 당시, 내 인생이야말로 순탄하게 흘러갈 거라 굳게 믿었다. 노력하면 뭐든 이룰 수 있고, 계획대로 인생이 굴러갈 거라고 생각했다. 하지만 누가 말했던가. 인생이 뜻대로만 된다면 그건 인생이 아니라고.

현실은 내 예상과는 너무나 달랐다. 특히 결혼하고 아이를 낳은 후, 더 심하게 현타가 몰려왔다. 아이의 장애, 양가 부모님들의 집착과 간섭, 남편과의 갈등과 이혼 위기까지 겹치면서, 한때 머릿속에 그렸던 성공의 모습은 점점 멀어져만 갔다. 그 과정들을 거쳐 가면서 나 자신에게 수없이 되뇌었던 말들이 있다.

하루를 살아낸 것에 감사하자.
모든 걸 다 해낼 수는 없다.
할 수 있는 만큼만, 차근차근히 해나가자.

이 깨달음은 지금까지도 내 안에 살아 있다. 돌아보면, 나는 예전처럼 찬란한 무대 위의 주인공으로 돌아갈 수 없다는 걸 잘 알고 있다. 하지만 그렇다고 해서 내 인생이 불행하거나 망가졌다고 말하고 싶지도 않다. 그저 '변아롱'이라는 한 사람으로, 지금 이 자리에서 살아가고 있을 뿐이다.

예전에는 반드시 인정받고 싶었다. 사회적 성취와 타이틀, 안정적인 커리어에 집착했다. 그러나 지금의 나는 주어진 하루를 묵묵히 살아내는 것만으로도 충분히 해냈다고 스스로 인정한다. 여전히 해야 할 일을 다 하지 못하면 불안하기도 하다. 그렇지만 그 불안이 곧 나락으로 떨어지는 신호는 아니라는 사실도 이제는 안다.

내가 감당할 수 있는 한계를 스스로 인정하고, 그 안에서 나를 다독이며 하루를 살아내는 것.

그것이야말로 진짜 '성공한 삶'이라는 것을 깨닫고 있는 요즈음, 나는 여전히 꿈을 품고 있다. 예전처럼 크고 번쩍이는 꿈이 아니라, 매일 나답게 숨 쉬며 살아가는 작고 단단한 꿈이다.

그 꿈을 지켜내기 위해 오늘도 천천히, 그러나 포기하지 않고 나아간다.

2025 마곡 아트마켓에 참가한 사진

그럼에도 불구하고 당신이 일을
하고 있는 이유는 무엇인가요?

3장

이상과는 다른 현실의 벽

애 키우는 게 낫다는 말에
오늘도 버틴다

모방은 창조의 어머니라고 하지 않는가. 나는 흔히 말하는 '응용'을 잘하는 편이다. 어느 정도 통제가 가능한 환경에서 일할 때 마음이 가장 편안하다. 처음부터 끝까지 모든 것을 직접 창작하기보다는, 이미 만들어진 것을 기반으로 작업할 때 능률이 오르는 편이다.

예를 들어 디자인할 때도 완전히 처음부터 구도를 새롭게 짜내는 것보다는, 이미 어느 정도 틀이 잡힌 참고 자료를 벤치마킹하거나, 기존 디자인 요소를 섞어 활용하는 방식이 나에게 더 맞는다.

또한 혼자서 일하는 것을 좋아한다. 사람들과 함

께 있으면 이야기를 듣거나, 누군가가 말을 걸어오면서 집중력이 자주 흐트러진다. 하지만 혼자 있을 때는 해야 할 일을 모두 적어보고, 나름의 우선순위를 정해 하나씩 차근차근 집중해서 처리한다.

어떨 때는 그림이 디자인보다 더 어렵게 느껴지기도 한다. 디자인은 무수히 많은 예시나 소재들이 있어서, 그것을 내 스타일로 발전시키는 응용이 가능하지만, 그림은 온전히 창작의 영역이다 보니 구도부터 완성까지 처음부터 끝까지 스스로 만들어야 한다. 그래서인지 그림을 그릴 때는 구도를 잡는 순간부터 끝까지 마음에 들 때까지 몇 번이고 고치고 또 고치게 된다.

또 다른 나의 약점은 전체를 한눈에 보지 못한다는 점이다. 하나에 신경이 쓰이면 그것이 해결될 때까지 다른 부분을 건드리지 못한다. 혹은 다른 것을 진행하면서도 찝찝함이 남으면 결국 다시 돌아와 손을 떼지 못한다. 마치 수학의 정석 문제집을 펼쳤을 때 1챕터를 완벽하게 이해하고 넘어가지 않으면 2챕터를 공부할 수 없었던 나의 모습과 닮았다. (실제로도 그랬다는 건 안 비밀이다.)

이런 성향 탓에 일의 진척 속도가 느리고, 가성비가 떨어질 때가 많다. 그래서 양가 부모님은 내가 사회에서 일하는 것을 탐탁지 않아 하신다. 아침부터 새벽까지 하루 종일 일만 하는 것 같은데, 수입이 시원찮다고 느끼기 때문이다. 엄마와 통화를 하면 종종 이런 이야기가 나온다.

"너, 한 달에 돈 얼마나 버니? O 서방보다 더 많이 벌어?"
"버는 돈도 별로인데 허구한 날 O 서방한테 애 맡기고 하루 종일 밖에 있다가 들어오는 거야? 차라리 일을 그만두고 애를 봐. 애한테 더 신경을 써야지."

"아빠가 매달 월급 준다는데도 그걸 마다하고, 그냥 아빠 일하면서 애나 보면 되잖아? O 서방도 집안일 안 해도 되고."

엄마 말처럼 답답한 면이 있는 것도 사실이다. 하지만 나는 나만의 강점이 있다고 생각한다. 일을 할 때는 책임감과 주인 의식을 가지고 최선을 다한다. 디자인을 하면서도 요구 사항을 꼼꼼히 확인하고, 더 나은 방안이 있으면 조심스럽게 제안한다. 수정 요청이 들어오면 최대한 수용하려 노력하며, 상대의 만족도를 높이기 위해 힘쓴다.

비록 내 속도는 느리고 돌아가는 길이 많지만, 나는 나만의 방식으로 꾸준히 앞으로 나아가고 있다.

양천구 소식지 모양모양 3호에 실렸던 인터뷰 사진

조율과 협업이 주는 힘

나는 혼자 작업하는 것을 즐기는 편이지만, 그렇다고 해서 효율이 높은 것은 아니다. 그래서 협업해야 할 때 비효율적인 상황을 자주 맞이한다. 팀원들에게 일을 분배해야 하는데, 모든 과정을 내가 직접 챙기지 않으면 안 된다는 강박이 있어서 분배하지 않거나, 해도 아주 간단한 부분만 맡기고 나머지 심화 작업이나 마무리는 결국 내가 도맡아 버린다.

최근에 아는 분께서 감사하게도 디자인 외주 견적을 문의해 주신 적이 있었다. 시간이 상당히 촉박했고, 요구하는 퀄리티도 높아서 살짝 부담되긴 했지만, 어차피 다른 곳에서 맡기실 거라고 생각하고 별 고민 없이 견적서를 넘겼다.

그런데 예상과 달리 실제로 나에게 맡기셨다. 못 할 것 같다고 바로 말씀드리지 못한 채 외주를 수락했는데, 이 일이 나에게 큰 고통으로 돌아올 줄은 몰랐다. 이미 진행 중인 다른 일들도 많았기에 나 혼자 감당하기에는 한계가 있었다. 게다가 앞서 진행하던 프로젝트 수정 요청이 한꺼번에 몰아치면서 일정이 계속 밀렸고, 그때마다 "죄송합니다"라는 말을 반복해야 했다. 자꾸 사과해야 하는 나 자신에게 너무 화가 났다.

몇 번을 봐도 교정과 교열, 오탈자가 나온다.
참으로 신의 영역이 아닐 수 없다.

그나마 효정이 프로그램에 텍스트를 얹는 작업을 맡아주었지만, 그 외의 모든 부분은 내가 직접 챙겨야 했다. 체력적으로 한계가 왔고, 잠자는 시간을 줄여가며 작업을 이어갔지만, 너무 몰아붙이다 보니 자정만 지나면 그대로 기절해 버리는 상황이 반복됐다. 어떻게든 꾸역꾸역 마감을 맞춰 보내고 나서, 나는 한숨을 돌리며 곰곰이 생각했다.

나에게 부족했던 것은 '잠시만요!'라는 말이었다.

내 일정과 역량을 먼저 확인하고, 언제 완료할 수 있는지를 충분히 가늠한 뒤 답을 했어야 했다. 예상치 못한 변수로 일정이 밀릴 가능성까지 고려해 여유를 두고 일정을 잡아야 했었는데, 그 생각을 못 하고 덥석 수락해 버린 것이 내 실수였다.

돌이켜보면, 나는 원래 변수에 휘둘리기 쉬운 환경에서 일해 왔다. 단기 프로젝트에는 익숙하지만, 장기 프로젝트나 체계적인 협업 경험이 거의 없었다. 회사에 다녔을 때도 사수가 없어서 모든 결정을 스스로 하고 실무까지 동시에 맡아야 했기 때문에 협업의 감각이 부족했던 것이다.

여러 경험을 해 보니, 누군가가 전체 일정을 함께 조율해 주면 내가 가진 역량 이상으로 효율적인 결과를 낼 수 있다는 걸 알게 됐다. 그것을 확실히 느낀 것이 바로 효정과의 협업이다. 일이 몰려서 내 한계를 잊고 무리하는 나에게 효정은 리스트를 만들어주고, 우선순위를 정리해 준다. 그래서 함께하면 빠르게 많은 일을 정리할 수 있었다.

나 혼자 달리는 것만이 능사는 아니라는 걸 사회에 다시 나와서 조금씩 배워가는 중이다. 앞으로도 나는 여전히 혼자서 모든 것을 감당하고 싶은 마음이 들 때가 있을 것이다. 하지만 함께하는 힘을 믿고, 나의 부족한 부분을 용기 내어 드러낼 수 있을 때 비로소 더 멀리, 더 단단하게 나아갈 수 있다는 것을 잊지 않으려 한다. 조금은 더디더라도, 그렇게 사람들과 어깨를 나란히 하며 앞으로 나아가는 법을 배우고 싶다.

꿈꾸던 프리랜서는 없었다

"띠디디디, 띠디디디~"
아침 7시. 핸드폰 알람이 요란하게 울리며 하루의 시작을 알린다. 개운하게 기지개를 켜고 일어나 아이를 깨워 등교 준비를 한다. 함께 일어난 남편은 나와 아이보다 먼저 집을 나선다. 조금이라도 일찍 퇴근하고자 하는 마음에서다.

모든 준비가 끝나면 아이와 함께 등교한다. 아이를 학교에 데려다준 후에는 곧장 작업실로 향한다. 외부 일정이 있으면 차근차근 처리하고, 다시 작업실로 돌아와 진행 중인 작업에 몰입한다. 그사이 맛있는 점심 시간과 여유로운 커피 타임은 빠질 수 없다. 음악을 들으며 열심히 일하다 보면 어느덧 오후 6시. 하던 일을 정리하고 집으로 돌아가 가족과 저녁을 먹고, 여유로운 시간을 보내며 창작 작업을 하다 잠이 든다.

정말 멋지고 완벽하지 않은가! 이게 바로 내가 생각한 프리랜서 디자이너의 '이상적인 루틴'이다.

하지만 현실은 너무도 다르다.

일단 아침부터 계획이 틀어진다. 전날 새벽까지 일한 탓에 피곤이 잔뜩 쌓여 있어 매일이 피곤의 연속이다. 어떤 날은 아예 날을 새는 바람에 조금이라도 쪽잠을 자는 나 대신 남편이 아이를 등교시키고 늦게 출근한 적도 있다.

피곤한 정신 줄을 붙들고 간신히 일어나면 이미 지각 확정. 마음이 급해져 4~5가지나 되는 아이의 약을 재빨리 타고, 근육이 짧아 잘 펴지지 않는 아이의 팔다리를 억지로 펴 가면서 낑낑거리고 옷을 입힌다. 예전엔 그래도 그나마 수월했지만, 이제 키가 크고 힘이 세지니 옷 하나, 신발 하나 신기는 것도 힘이 부쩍 든다.

정신없이 휠체어에 아이를 앉혀 차 앞까지 가면 그제야 신발장 앞에 두고 온 차 키나 핸드폰이 생각난다. 고층에 살다 보니 엘리베이터를 한 번 놓치면 일정은 또다시 지연된다. 그 사이 나의 몸은 이미 땀으로 흠뻑 젖어 있다.

학교에 도착해 선생님께 연신 죄송하다고 말씀드리고 아이를 맡긴 뒤에야 간신히 작업실로 간다. 그런데 분명 어제도 늦은 새벽까지 일했던 것 같은데, 왜 일은 더 늘어나 있는 걸까?

'이것만 끝내고 쉬자, 조금만 더 하고 오늘은 일찍 자야지.' 그 다짐은 언제나 한순간. 정신을 차리고 보면 또다시 새벽 3~4시다.

일은 일대로, 흡사 총알이 빗발치는 전쟁터를 연상시킨다. 급한 일부터 처리하려 해도, 유독 나에게 오는 일은 모두가 다 '급하다'라고 한다. 수정 요청은 뒤죽박죽이다. 디자인의 수정은 신의 영역이다. 매처럼 눈을 부릅뜨고 작업해도 끊임없이 나오는 것이 바로 수정 사항이다. 대부분은 눈에 잘 띄지도 않는, 정렬의 오차나 1픽셀 어긋남 같은 자잘한 것들이다. 기왕

이면 한꺼번에 정리해 주시면 좋으련만.

게다가 나는 단순히 외주 작업자만은 아니다. 창작자이기도 하다. 하지만 외부 작업과 일상에 치이다 보니 정작 내 창작 활동은 점점 뒤로 밀려나기만 한다. 이건 더 큰 스트레스로 다가온다. 그래서 나는 요즘 절실하게 느낀다. 어떠한 외부 요소에도 굴하지 않고 반드시 지켜야 할 '루틴', 정확히 말하자면 '철칙'이 필요하다는 것이다.

프리랜서로 산다는 건 겉보기엔 자유로워 보이지만, 실은 더 엄격하게 지켜야 할 나만의 리듬과 기준이 있어야 지속 가능한 삶이라니, 참 아이러니하지 않을 수 없다.

**누구나 한 번 쯤은 겪어봤을, 최종의 늪
(사실 애교 수준이라는 건 안 비밀이다.)**

어떤 식으로 일할 때 가장 멋지다고
생각했나요? 당신의 경험을 들려주세요.

4장

우당탕탕 성장 중

성장하는 사람들을 보면
속이 뒤집힌다

나는 MBTI 중 P뿐 아니라 I의 기질도 강한 편이다. 내향적인 나를 감추기 위해 억지로 과도한 행동을 하며 친구들에게 다가갔지만, 결과는 외면과 소외였다. 몇 안 되는 친구들과도 이제는 거의 연락이 끊겼다. 그 시절은 나에겐 흑역사였다. 철없던 학창 시절이었기에 그럴 수밖에 없었다고 이해하려 애쓰지만, 그때의 경험은 자존감을 깊이 깎아냈다.

그래서일까. 멋지고 잘나가는 사람들을 보면 부러움과 동경이 뒤섞인 복잡한 감정이 올라왔다. 특히 일과 관련된 면에서는 질투에 가까운 감정을 느꼈다. SNS에서 누군가 물건을 자랑하거나 여행 사진을 올리면 그저 "좋겠네~"로 넘기지만, 자신의 콘텐츠로 꾸준히 성장해 가는 사람을 보면 속이 뒤집혔다.

"나는 지금 뭐 하고 있는 거지?"
"나는 잘 나아가고 있는 걸까?"

이런 자책은 아이를 낳은 뒤 더 깊어졌다. 모두가 앞으로 나아가고 있는 것 같은데, 나만 제자리에 멈춰 있는 기분이었다. 그러다 일이 들어왔고, 다시 시작할 수 있을 것 같아 밤낮없이 몰두했다.

시선1, Digital Art, A3, 2022
사람들의 시선에서 벗어나고 싶어 그렸던 그림

하지만 상황은 나아지지 않았다. 시간과 돈을 쏟아부었음에도 아이 돌봄과 일, 가정 모두를 잘 해내는 사람들과 비교하며 더 깊은 무력감에 빠졌다.

소위 말하는 번아웃이 온 것이다. 이것저것 핑계를 대며 일은 하기 싫어하면서도 식탐과 수면 욕구만 커지는 나 자신이 너무 싫었다. '이렇게 살면 안 돼'라며 나를 끊임없이 채찍질하고, 다그쳤다. 점점 일에 대한 의지도, 가족과의 관계도 무너져 내렸다. 최악의 상황들이 겹겹이 쌓여 더 이상 일어설 힘조차 남지 않았을 때 이르러서야, 나는 비로소 내 상태를 마주할 수 있었다.

왜 나는 무너졌을까?

곰곰이 생각해 보니 '뒤처진 나'를 인정하지 못하고, 비교 속에서 끝없이 나를 몰아붙였기 때문이었다. 잘하고 싶고, 사랑받고 싶고, 내 존재가 가치 있음을 증명하고 싶었다.

그래서 다른 사람의 성취를 보고 무너지지 않기 위해 애써 웃었고, 아이 양육, 일, 가정, 창작까지 모두 완벽하게 해내고 싶다는 욕심에 자신을 몰아붙였으며, '나는 왜 안 될까?'라는 자책이 올라올 때마다 "죽이 되든 밥이 되든 더 열심히 해야지" 하며 계속 나를 압박했던 것이다.

"나는 내가 동경하는 사람들처럼 살 수 없다."

이게 내가 내린 최선의 결론이었다. 내 상황에 맞추어 '변칙적으로' 살아갈 수밖에 없다는 걸 인정하고 내려놓아야만 했다.

지금도 나는 다른 사람들을 부러워하고, 동경하고 있다. 그로 인한 불안은 다시금 굳게 다잡은 마음을 열심히 흔들어 댈 것이다. 그런 감정이 올라올 때마다, 마음속으로 스스로 다독이며 조용히 되뇐다.

"오늘 내가 한 일은 무엇인가?"
"무리한 욕심은 없었는가?"
"내 기준대로 조금씩 나아가고 있는가?"

오늘도 사부작거리며 투쟁 중

아주 오래전, 코흘리개 시절 나는 막연히 '그림을 잘 그리는 사람'이 되고 싶었다. 그래서 열심히 그림을 그렸고, 부모님의 반대를 무릅쓰고 애니메이션 학과에 진학했다. 하지만 대학에 들어가고 나서야 깨달았다. 단순히 '잘 그리는 사람'이 되는 건, 생각보다 훨씬 어려운 일이었다.

그래서 방향을 틀었다. 학생들과 티키타카 하며 창작 작업에 대해 열정적으로 의견을 나누는, 멋진 커리어 우먼이자 교수가 되기로. 하지만 그 꿈도 이런저런 이유로 좌절되었다.

결혼하고, 임신했을 때는 가족의 일원으로서 무던하

고 평범한 삶을 꿈꿨다. 아이와 친구처럼 지내며 이런저런 추억들을 쌓을 것이라 기대했지만, 아이가 장애를 가지고 태어나며 그마저도 이루지 못한 꿈이 되었다. 그 후 내 일상은 끝이 보이지 않는 터널을 맨몸으로 기어가는 듯한 나날이었다. 도구도, 빛도 없이 한 걸음씩 더디게 나아가야 했다.

수많은 우여곡절을 거쳐 현재에 도달한 지금, 미래의 내 모습을 상상해 본다면 어떨까? 다른 건 몰라도 한 가지는 단호하게 말할 수 있다.

몇 년이 지나도, 몇십 년이 지나도 나는 여전히 지금처럼 '내 자리에서 최선을 다해 성실히 노력하고 있을 것'이라는 거다. 자신감이 흔들리고, 자기 의심이 고개를 들고, 끝없이 스스로와 싸우는 날들이 반복될 것이다. 그 사이 아이는 자라날 것이고, 남편과 함께 나도 늙어갈 것이다. 그러면서 새로운 변수들이 우리 가족에게 찾아올 것이고, 그에 맞춰 다시 적응하느라 많이 고생하겠지.

그럼에도 불구하고, 나는 '열심히 사는 나'의 모습을 좋아한다. 아무리 고생해도 프로젝트가 마무리될 때의 성취감은 늘 짜릿하다. 그래서 디자인 외주이든, 강사이든, 문화 예술 프로젝트이든, 일이 들어올 때마다 힘들 걸 알면서도 자진해서 손을 든다. 나를 통해 누군가가 성장해 가는 걸 목격하는 순간, 그보다 더 큰 보람은 없기 때문이다.

물론, 인생은 언제까지나 좋을 수 없다. 예상과 다른 방향으로 흘러 좌절하거나 억장이 무너지는 슬픔을 마주하게 될 수도 있다. 잘못된 선택으로 바닥까지 내려앉을 수도 있다.

하지만 나는 안다. 시간이 걸리더라도 다시 꿈틀거리며 일어날 거라는걸. 왜냐하면 나는 지금껏 그렇게 살아왔고, 그렇게밖에 살아갈 수 없는 사람이니까. 그래서 오늘도 나는 조용히, 그러나 단단하게 사부작거리며 투쟁하고 있다.

한 걸음, 또 한 걸음. 나아가기 위해서.

글을 마치며

2025년 1월, 효정이 만든 출판인 커뮤니티에서 이은지 작가를 만났다. 몇 시간 정도 이야기를 나누었는데 범상치 않은 인물임을 깨달았다. 똘망똘망한 눈빛과 강력한 추진력을 보고 반해 바로 다음 달인 2월에 미니 워크숍이 추가된 북토크를 진행했었다.

이은지 작가의 책 〈그래서, 내가 누군데? - 일〉은 직업에 대한 자기 계발서의 느낌이 강한 에세이로, 당시 책을 읽지 않은 입장으로 나와 상관없는 이야기라 생각하며 가벼운 마음으로 참여하려 했다.

그런데 이게 웬일인가. 워크숍에서 '내가 좋아하는 일'이 무엇인지 확실하게 말을 할 수 없어 당황했다.

직업이 아닌 '진짜 나'에 대한 질문 앞에서, 나는 그동안 나 자신을 제대로 들여다본 적이 없었다는 사실에 적잖이 충격을 받았다.

'나'에 대해서 진지하게 고민할 수 있는 시간이 있으면 좋을 것 같았다. 그래서 이은지 작가가 진행하는 〈직업 말고 내:일 찾기〉 프로젝트에 고민 없이 참여하게 되었다.

늘 가족과 타인을 먼저 챙겨왔기에 수업 내내 나에 관한 이야기를 적어 내려가는 것이 상당히 어렵게 느껴졌다. 하지만 나만을 위한 글쓰기야말로 생경하면서 동시에 의미 있는 작업이기도 했다. 남들이 말하는 내가 아니라, 내가 생각하는 나. 내가 정말 원하는 것, 진짜 좋아하는 것을 천천히 들여다보며, 처음으로 '나'라는 존재를 진심으로 마주하게 되었다.

내 삶을 조용히, 담담히 써 내려가다 보니 지난 시간을 정리할 수 있었다. 그리고 신기하게도, 내가 쓴 글을 다시 읽을 때마다 또 다른 나를 만나는 기분이 들었다. 어떤 날의 나는 벼랑 끝에 몰린 사람이었고, 또 어떤 날의 나는 누구보다 단단하고 멋진 사람이었다.

이 글을 읽는 누군가, 특히 아이를 키우며 일하는 워킹맘이라면 내 이야기에 깊이 공감할 거라 믿는다. 포장 없이 적어낸 날것의 고백을 통해 당신들이 얼마나 열심히 살았는지를, 때로는 좌절하고 무너지기도 했지만, 오뚝이처럼 악착같이 다시 일어나서 인생을 향해 사부작거리며 투쟁해 왔는지를 알았으면 한다. 그리고 내가 얼마나 멋지고 눈부신 사람인지에 대해 한 번쯤은 생각해 봤으면 한다.

또한 이 책이 누군가에게 "나는 어떤 사람일까?"라는 질문을 던지게 한다면, 그것만으로도 충분하다. 어쩌면 그 질문이, 다시 자신을 일으키는 단단한 거름이 될 수 있을지도 모른다. 나를 포함한 이 세상의 모든 워킹맘이여! 오늘도, 정말 멋지게 잘 버티고 있다고, 셀프로 어깨를 토닥이며 꼬옥 안아주자.

아자아자, 파이팅!

이제 진짜 '나'는 어떤 사람인지,
한 번 써 볼까요?

느긋하고 싶은 P의
사부작 투쟁기

초판발행	2025. 9. 30.
지은이	변아롱
발행처	문화예술창작소 그리다
출판등록	제2023-000055호(2023년 8월 22일)
전자우편	aninara2040@naver.com
정가	11,000원
ISBN	979-11-991159-6-5(02800)

이 저작물은 강원특별자치도에서 제작한 '강원교육모두'로 제작되었습니다.

본 책은 「대한민국 저작권법」에 의해 보호받는 저작물입니다. 작성된 모든 내용에 대한 권리는 창작자에게 있으며, 창작자의 동의 없이 본 책의 일부 또는 전체를 무단으로 복제, 배포하거나 2차적 저작물로 재편집하는 행위는 금지됩니다. 이를 위반할 경우, 저작권법에 따라 5년 이하의 징역 또는 5천만 원 이하의 벌금에 처해질 수 있으며, 민사상 손해배상을 청구할 수 있습니다.